INSTRUCTION

SUR

LES DEVOIRS

DES

ÉLECTEURS CATHOLIQUES

PAR

Monseigneur ISOARD

ÉVÊQUE D'ANNECY

ANNECY
LIBRAIRIE F. ABRY
LIBRAIRE DU CLERGÉ

1890

INSTRUCTION

SUR

LES DEVOIRS

DES

ÉLECTEURS CATHOLIQUES

PAR

Monseigneur ISOARD

ÉVÊQUE D'ANNECY

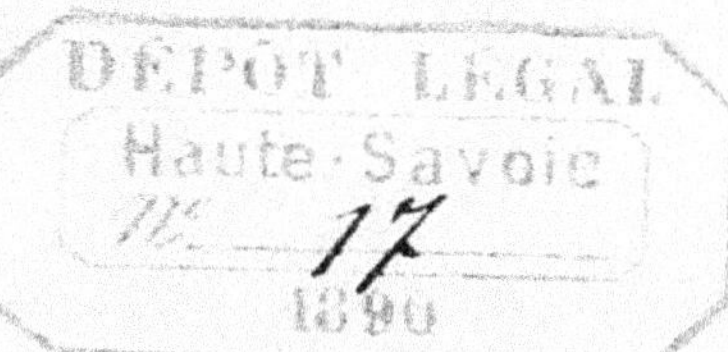

ANNECY
IMPRIMERIE J. NIÉRAT
IMPRIMEUR DE L'ÉVÊCHÉ

1890

INSTRUCTION

SUR

LES DEVOIRS

DES

ELECTEURS CATHOLIQUES

Dans les sociétés organisées comme elles le sont de nos jours en la plupart des contrées, le citoyen est souvent appelé à donner son vote pour l'élection d'un représentant du pays entier, ou d'une fraction du pays, comme le sont le département et la commune.

Or, lorsqu'approche le moment de déposer ce vote, on entend parler de compétitions de toutes sortes ; on oppose les partis aux partis, les opinions aux opinions ; on discute les prétentions des divers candidats, on cherche à se rendre compte de leur valeur personnelle ; on suppute enfin les intérêts en présence : mais on entend très rarement parler des devoirs que l'on a, dans cette circonstance particulière, à remplir devant Dieu, pour obéir à la loi de Dieu.

Chose bien singulière !

Tout bon Chrétien sait que, pour le salut de son âme, il doit s'acquitter devant Dieu, et en se conformant aux commandements de Dieu, de tous ses devoirs d'état. Il sait qu'il a des obligations particulières à remplir en qualité de fils, de mari, de père, de maître, de patron, de serviteur, de commerçant, d'ouvrier. Il sait qu'au jugement de Dieu, il aura un compte exact, sévère, à rendre de la conduite qu'il aura tenue dans les divers états où Dieu l'aura placé.

Mais il ne paraît même pas soupçonner que des devoirs lui soient également imposés par la Religion, en sa qualité de citoyen ; il semble ignorer que Dieu jugera chacun des actes qu'il aura accomplis comme citoyen, et que les devoirs d'état du citoyen ont, dans certains cas, devant la loi de Dieu, une importance beaucoup plus grande encore que les devoirs sacrés de la famille et ceux de la condition sociale.

Ces devoirs, inconnus peut-être de quelques-uns, oubliés, négligés par d'autres, j'entreprends, Mes chers Diocésains, de vous les rappeler, de vous les exposer.

Notre Saint Père le Pape a écrit, à la date du 10 janvier de cette année, à tous les Evêques du monde, une Lettre ou Instruction très développée *sur les principaux devoirs des Chrétiens*. Il a exprimé à ceux de nos vénérés Collègues, qui se sont récemment rendus à Rome, son désir de voir les Evêques commenter, expliquer, selon que chacun le jugera plus à propos, les enseignements que ce document renferme. Je me rends à ce désir du Souverain Pontife en appelant votre religieuse attention sur ce que la Foi, dont nous avons le bonheur de faire profession, nous enseigne et nous prescrit à tous en notre qualité d'électeurs.

Je parle à tous.

On dit habituellement qu'il faut compter en France quatre partis politiques entre lesquels sont divisés tous les citoyens. Chacun de ces partis affirme et soutient que les idées qu'il représente et le système de gouvernement qu'il propose peuvent, seuls, assurer à notre patrie la paix et la prospérité. Différer d'opinion politique avec ses voisins, donner toutes ses préférences à l'une au détriment des autres, est très légitime. Mais remarquez bien ceci : quel que soit le parti politique auquel appartient un citoyen catholique, il est soumis, par la volonté de Dieu, dans l'exercice de sa fonction d'électeur, à des obligations de conscience qui ne varient point, qui ne peuvent point varier.

L'électeur catholique n'est pas celui qui préfère une forme de gouvernement à une autre, comme on le croit trop généralement : c'est celui qui, au moment de choisir entre les divers bulletins qui lui sont offerts, se dit tout d'abord : Je suis Catholique.

En vous donnant ces enseignements, je puis m'approprier le langage de l'Apôtre saint Paul écrivant aux premiers fidèles, et vous dire : « C'est de la part de Dieu que je « parle, devant Dieu et en Jésus-Christ (1). »

Des deux sortes de Chrétiens.

Lorsqu'on parle de religion, on se trouve forcément amené à établir des distinctions dans ces multitudes d'hommes qui professent la foi de l'Eglise. Soit dans la chaire sacrée, soit dans les conversations particulières, on entend souvent des expressions comme celles-ci : les bons Chrétiens, les mauvais Chrétiens. Ces manières de parler ne sont pas nouvelles. Saint Augustin, dans les pré-

(1) II. Ep. aux Corinthiens, ch. II, ℣ 17.

dications qu'il faisait si souvent à son peuple, revenait fréquemment sur ce sujet. Il disait : Beaucoup portent le nom de Fidèles qui, cependant, ne sont pas vraiment Fidèles.

Nous courons donc tous le risque de devenir de mauvais Chrétiens ? Sans doute ; et très probablement, un bon nombre de ceux que nous rencontrons chaque jour, le sont en effet : tâchons donc de distinguer clairement ce qui fait qu'un Chrétien est digne de ce nom tandis qu'un autre, son voisin, son frère peut-être, n'en est pas digne.

Je dis donc : Quel est l'homme que l'on appelle ordinairement, dans le langage courant, un bon Chrétien, un vrai Chrétien ?

Vous me répondez tout de suite : C'est l'homme qui assiste régulièrement à la Messe, le dimanche, qui fait ses Pâques, qui ne parle qu'avec respect de la religion et de ce qui se fait à l'église.

Vous avez raison. Tout homme qui se comporte de la sorte donne à tout le monde cette même idée de lui ; on le classe parmi les vrais Fidèles. Reste à savoir si, cette place parmi les bons Chrétiens qu'on lui attribue au premier coup d'œil, il a, en réalité, le droit de l'occuper. Pour qu'on puisse dire avec fondement qu'un tel est un Chrétien véritable, il faut encore autre chose que ce que nous venons de remarquer. Ce qu'il fait à l'église à certains jours et d'après les commandements de Dieu, est l'une des deux conditions indispensables pour qu'un Chrétien vive d'une manière digne de ce nom si grand, si noble.

Mais il en est une autre tout aussi nécessaire et indispensable que la première, et la voici : il faut qu'il remplisse tous les autres devoirs que Dieu lui a imposés. Ainsi nous avons une famille, une patrie ; nous vivons dans la société des autres hommes. Dieu nous a marqué de quelle manière nous devons nous conduire envers nos parents et nos concitoyens : ce sont des devoirs à remplir et qui tous, sans exception aucune, doivent être remplis. Si celui que nous avons pris pour exemple et qui s'acquitte de ses devoirs de religion, s'acquitte également de tous les autres, soit comme fils ou père, soit comme citoyen, alors oui : c'est un bon Chrétien ; si non, on peut bien craindre qu'il ne faille le ranger parmi les mauvais Chrétiens.

Notre-Seigneur Jésus-Christ a bien voulu nous enseigner cette vérité au moyen d'une comparaison très facile à saisir. Il dit : « On « juge de l'arbre par ses fruits... Vous juge- « rez les hommes d'après les fruits qu'ils

« produisent, » c'est-à-dire d'après leur conduite générale. Il reprend : « Tout arbre « qui ne porte pas de bons fruits sera arraché « et servira à faire du feu... — Tous ceux « qui me disent souvent : Seigneur, Seigneur, « n'entreront point dans le royaume du ciel, « mais celui qui fait la volonté de mon Père « qui est dans les cieux, celui-là entrera bien « dans le royaume du ciel (1). » Notre-Seigneur continuant à parler sur le même sujet suppose ensuite qu'au moment de leur jugement des Chrétiens lui diront : Seigneur, nous étions avec vous, nous comptions parmi les bons. « Et je leur répondrai : Moi, je ne « vous ai jamais comptés parmi les miens. « Eloignez-vous de moi, vous qui avez fait le « mal. » Et avec quelle grande charité il nous enseigne en d'autres termes la même vérité : « Si vous m'aimez, disait-il, gardez « mes commandements (2). »

Ces choses-là sont, du reste, tellement évidentes par elles-mêmes que je me demande si elles ont besoin d'être prouvées. Imaginez, en effet, que vous avez des relations amicales, fréquentes, avec un de vos voisins. Il vous rend visite ; il parait enchanté lorsque vous vous rendez chez lui ; il vous adresse

(1) Evangile selon saint Matthieu, ch. VII, ℣ 21 et suiv.
(2) Evangile selon saint Jean, ch. XIV, ℣ 15.

une invitation toutes les fois qu'il y a parmi les siens une fête, un repas de famille. Et, ce même homme est, en même temps, votre adversaire dans toutes les questions où vous êtes intéressé. Il s'emploie à faire échouer vos desseins, à faire manquer vos entreprises. Direz-vous de ce singulier personnage qu'il est votre ami ? Non, sans doute. Vous direz qu'il fait très bien d'être poli et aimable vis-à-vis de vous, mais que cela ne suffit pas, et qu'il doit encore vous aider, vous servir dans toutes les affaires où vous avez le bon droit et l'équité pour vous ; qu'à tout le moins il ne doit pas vous combattre.

Or, il n'y a pas deux justices, l'une pour les rapports des hommes entre eux, et l'autre pour leurs rapports avec Dieu. Il n'y en a qu'une seule. Ce qui est juste dans les relations que les hommes ont entre eux, est juste aussi dans les relations que Dieu a bien voulu établir entre lui et nous.

Voilà donc un premier point sur lequel nous sommes tous d'accord : à savoir que l'on ne peut appeler bon Chrétien que l'homme observant fidèlement, habituellement, les Commandements que Dieu nous a donnés, soit par lui-même, directement, soit par son Eglise.

Ajoutons encore un mot, et disons qu'il

doit observer tous les commandements, non pas seulement le plus grand nombre des commandements, mais bien tous sans distinction, sans réserve. Il doit être fidèle à tous ses devoirs, envers lui-même, envers ses parents, ses voisins et tous ceux qu'il fait travailler ou pour qui lui-même travaille. Auriez-vous confiance, pleine confiance, dans un homme avec qui vous auriez traité de vingt affaires, qui aurait agi loyalement dix-neuf fois, mais qui vous aurait trompé une fois? Non, vous seriez toujours en défiance vis-à-vis de lui, et vous ne pourriez pas assurer qu'il a de la conscience, qu'il est un honnête homme. Il en est exactement de même dans l'observation des commandements. Nul ne peut dire : J'en observerai dix-neuf, mais je ne veux pas même me rappeler le vingtième. C'est là une vérité de bon sens ; mais pour lui donner plus d'autorité encore, l'Esprit-Saint a voulu qu'elle fût exprimée dans la Sainte Ecriture. Aussi l'Apôtre saint Jacques écrivait-il aux premiers Fidèles : « Quiconque manque d'obser-
« ver la loi en un point, alors même qu'il en
« observe tous les autres articles, est consi-
« déré comme coupable de ne pas se confor-
« mer à cette loi (1). »

(1) Epitre de l'Apôtre saint Jacques, ch. II, ℣ 10.

Du Vote.

Ceci étant bien entendu, une question se présente tout naturellement à nous. Nous nous demandons si tous nos Chrétiens, tels que nous les connaissons, observent tous les commandements? Nous sommes bien obligés de répondre qu'ils ne les observent pas tous.

Mais, au moins, nous savons et nous pouvons attester qu'ils gémissent de cette infidélité ; ils regrettent, et de bon cœur, d'offenser Dieu si souvent, si facilement ; ils accusent de toutes ces misères, la tyrannie de l'habitude ; et enfin, ils veulent se corriger, ils le veulent sincèrement, et c'est à cause de cette bonne volonté que l'on peut espérer de la miséricorde de Dieu qu'ils seront sauvés.

Pécher et se repentir, tomber et se relever ; pécher moins souvent et tomber moins bas à mesure qu'on avance dans la vie : telle est bien la condition de l'homme honnête et chrétien.

Chose étrange ! il y a un péché que beaucoup de nos concitoyens, honnêtes et chrétiens cependant, veulent se réserver. Ils détestent les autres péchés et s'efforcent de ne les plus commettre ; mais celui-là, ils ne le regrettent point et entendent le commettre de nouveau, lorsque l'occasion s'en présentera.

Il y a des jours dans leur vie (et quelquefois plusieurs de ces jours se rencontrent dans une seule année), il y a des jours où ces Chrétiens font le mal et déclarent qu'ils veulent le faire ; où ils offensent Dieu en soutenant qu'ils en ont le droit ; où ils pèchent gravement et s'efforcent de porter leurs voisins à se rendre coupables du même péché : ce sont les jours où il se fait quelque élection, soit pour la Chambre des Députés, soit pour le Conseil général, soit pour le Conseil municipal.

Mais comment expliquer cette bizarrerie ? Comment le même homme peut-il, en même temps, vouloir résolument deux choses entièrement opposées, — servir Dieu et l'offenser, sauver son âme et la perdre ?

Oh ! c'est bien simple. Les journaux lui disent, les fonctionnaires lui répètent, les comités électoraux et les candidats lui affirment sur tous les tons que, lorsqu'il dépose un vote, il n'a pas à s'inquiéter de la question de savoir si Dieu le voit ou ne le voit pas, si Dieu le condamne ou l'approuve.

On lui dit : Dans votre maison, dans l'église, soyez chrétiens tant que vous voudrez. Quand vous achetez, quand vous vendez, quand vous passez un contrat, oh ! alors, certainement, Dieu vous voit, Dieu vous juge, et vous êtes absolument obligés d'observer sa loi. Mais, lorsque vous agissez comme citoyens, vous n'êtes plus chrétiens ; mais, lorsque vous votez, vous n'avez pas à vous occuper de votre conscience, de la loi de Dieu, de votre salut. C'est une autre affaire. Et si vous êtes élu maire, ou conseiller, ou député, c'est exactement la même chose que pour la votation : dès que vous aurez mis le pied à la mairie, ou dans une salle de délibération, vous savez, la religion, la conscience, n'ont plus rien à voir, rien à objecter à ce que vous faites : là, il n'y a plus de Dieu.

C'est là ce qui est dit perpétuellement aux électeurs catholiques, et l'on peut croire que beaucoup regardent cette parole comme une vérité, — que beaucoup s'imaginent qu'ils ne sont plus des Chrétiens, quand ils font un acte de citoyens.

Or, ceux qui parlent de la sorte, disent une chose fausse et absurde.

En premier lieu, il est faux, absolument faux, qu'il y ait, dans la vie d'un Chrétien, un moment, une seconde, où il ait le droit d'oublier qu'il est Chrétien et que Dieu le voit et le juge.

En second lieu, il est absurde de faire la supposition qu'un Catholique, lorsqu'il agit comme citoyen, n'est pas tenu d'observer en tout, pour tout, et vis-à-vis de tous, la loi de Dieu et les commandements du Saint Evangile.

Regardons tout cela de plus près.

Devoirs du Chrétien pris individuellement, et dans la famille.

Je considère tout d'abord ce Chrétien isolément. Je ne vois que lui tout seul, sans m'occuper de sa famille, de ses voisins, de ses inférieurs, de ses supérieurs. Et je me dis : quel est son devoir, son grand devoir, celui qui prime et qui comprend tous les autres ? — C'est d'aimer Dieu par-dessus toutes choses, et d'aimer son prochain comme lui-même, en vue de Dieu et pour Dieu.

Voilà la loi chrétienne, si belle, si incomparablement noble et grande ; la voilà en deux mots.

D'abord, aimer Dieu, aimer ce que Dieu aime, vouloir ce que Dieu veut ; détester et fuir le péché ; placer les intérêts de la religion avant tous les autres intérêts ; chercher constamment ce qui peut procurer le salut et donner le bonheur éternel.

Puis, aimer le prochain ; souhaiter de tout son cœur que le prochain évite le péché, qu'il trouve autour de lui tout ce qui peut l'aider à sauver son âme.

Ce même Chrétien, je le considère maintenant dans ses rapports avec d'autres hommes. Je le vois marié, père, chef de famille. Quels sont ses devoirs ? Ils sont tout-à-fait les mêmes que lorsqu'il ne s'agissait que de lui seul.

Il doit donc, avant toutes choses, comme père de famille, faire en sorte que Dieu soit honoré, aimé, bien servi. Il fera donc ce qui est en son pouvoir pour que sa paroisse ait une église convenable, pour que cette église soit desservie par un Prêtre, pour qu'elle ait un clerc, des chantres, et ce qui est nécessaire pour les offices et le culte divin. — Il se dira : le culte que Dieu nous commande de lui rendre : cela d'abord, et avant tout le reste.

Il doit ensuite travailler de toutes ses forces, c'est bien le cas d'employer ce mot, — de toutes ses forces, — par ses exemples, par ses conversations, par sa vigilance, il doit travailler à faire de ses enfants de bons

Chrétiens. Dieu ne les lui a donnés que dans ce seul but : pour qu'il s'applique à faire d'eux des élus, des Saints. Par conséquent, il leur apprendra et leur fera apprendre leurs prières, le Catéchisme, l'Histoire Sainte. Il leur donnera un maître qui soit chrétien comme lui, qui prenne sa place auprès de ses enfants, qui se dise à lui-même : Je suis instituteur pour apprendre à mes élèves à sauver leur âme.

Nous n'avons pas besoin de dire que cet homme n'aura pas même la pensée que son mariage peut être dissous par le divorce. Il sait que, par l'institution de Dieu, le lien du mariage dure autant que la vie des époux. Il tâchera de faire bon ménage ; s'il a à souffrir, il prendra patience. Malheureux ou heureux, il se dira : Ce que Dieu a uni, aucune volonté humaine ne peut le désunir.

En lisant tout ceci, il est probable, Mes chers Diocésains, que vous dites en vous-mêmes : Nous connaissions ces vérités, nous pratiquons généralement tous ces devoirs ; nous sentons fort bien que, si on ne les pratique pas, on ne peut pas être appelé chrétien.

Eh bien ! si nous sommes pleinement d'accord sur tous ces points, comme sur les premiers, achevons notre route : nous avons vu l'homme pris individuellement ; nous l'avons vu père de famille : regardons-le maintenant quand il fait acte de citoyen.

Devoirs du citoyen.

Qu'est-ce donc que cela : faire acte de citoyen ? et quand avons-nous l'occasion, le devoir de faire acte de citoyen ?

On agit comme citoyen, lorsqu'on prend part au gouvernement des affaires de tous, — au gouvernement de sa commune, de son département et de la France entière.

On a l'occasion, le moyen de prendre une part à la direction des affaires publiques, toutes les fois que l'on est appelé à déposer un vote pour une élection, soit communale, soit départementale, soit générale.

Mais, au fond, qu'est-ce que nous faisons, lorsque nous déposons un vote portant le nom de tel ou tel de nos concitoyens ? Nous préparons, par ce vote, des lois, pour nous-mêmes et pour tous, pour les habitants de la commune, du département, ou pour tous les Français. Chacun se prépare un gouvernement, c'est-à-dire un groupe d'hommes qui auront le droit de lui donner des ordres, de diriger sa vie dans le sens qu'il leur plaira de choisir. Chacun doit donc se dire : Ces lois que vont faire les hommes, à qui j'aurai donné ma voix, seront peut-être justes, bonnes, utiles pour moi et pour les autres : ces lois seront peut-être injustes, mauvaises, nuisibles, fatales même, à moi et aux autres. Et ce que seront ces lois, ce que sera le Gouvernement qui les appliquera, tout cela dépend du nom imprimé ou écrit sur mon bulletin.

Oh ! direz-vous, mon vote à moi ne produit pas tant d'effet : une voix, ce n'est pas grand'chose ! — C'est vrai, en apparence. Mais, un rouage dans une montre, pour celui qui ne connait pas l'horlogerie, c'est bien peu de chose ; cependant, si ce rouage manque, pas de mouvement des aiguilles. Une des dents de cette petite roue de la montre, qu'est-ce que cela ? Rien, en apparence ; cependant, si elle est brisée, quelle perturbation !

Nous tous, électeurs, nous faisons donc des lois ; nous tous, nous sommes pour quelque chose dans ces lois qui nous font du bien ou qui nous font du mal ; nous tous, nous avons une action, une influence sur tous les hommes qui nous gouvernent. Cette influence est très grande sur ceux qui dirigent les affaires de la commune ; elle est moins puissante, mais elle existe encore sur ceux qui gouvernent la France. Nous avons encore de l'action sur eux, lorsque nous sommes du côté de la minorité ; car, un vainqueur dans une élection n'est point aussi fier, aussi tranquille dans son succès, lorsqu'il a vingt voix de majorité, ou même cent, que lorsqu'il en a obtenu mille.

Le Français qui, par un vote quelconque, fait acte de citoyen, dispose donc, en partie, de son sort, du sort de ses enfants, du sort de ses concitoyens.

Mais, alors, c'est un acte bien sérieux que de donner un vote ? Eh ! sans doute ; il n'y en a pas de plus grave dans la vie, parce qu'il n'y en a pas qui ait des conséquences plus nombreuses, plus étendues.

Un père de famille qui donne une mauvaise éducation à ses enfants, cause un mal extrême à ces pauvres enfants d'abord, puis à ceux qui seront scandalisés, détournés du bien, portés au mal par leurs mauvais exemples, lorsqu'ils seront devenus jeunes gens et hommes faits. Mais, si ce citoyen, après avoir ainsi perdu sa propre famille, arrive, par ses votes, à faire donner une éducation impie, immorale, à tous les enfants de sa commune, s'il contribue à faire élever sans religion la plus grande partie des enfants de la France, pouvez-vous calculer tout le mal qu'il aura produit ? Voyez-vous, pouvez-vous seulement imaginer le retentissement que ce mal peut avoir pendant de longues années et sur plusieurs générations ?

C'est donc une grande chose que de voter. C'est donc charger sa conscience de la manière la plus sérieuse, encourir enfin une très grave responsabilité devant Dieu, que de jeter dans une urne, à la mairie, tel bulletin plutôt que tel autre bulletin.

Aussi, la première chose que doive faire le Catholique, lorsqu'il reçoit sa feuille de convocation pour une élection, c'est de se poser cette question : Quel est mon devoir comme citoyen ?

La réponse vient d'elle-même sur les lèvres : — le devoir du citoyen est le même que celui du père de famille, comme le devoir du père de famille est le même que celui de l'individu. Avant tout, chercher et procurer, et maintenir ce qui intéresse la Religion, ce qui donne aux Chrétiens les moyens de remplir leurs devoirs de Chrétiens et de sauver leur âme. Puis, chercher et défendre, quand on pense l'avoir trouvé, ce qui peut assurer la prospérité de la commune et de la France.

L'âme, le salut, la vie éternelle, d'abord et au-dessus de tout ; — la liberté, la tranquillité, l'aisance et le bien-être pour le plus grand nombre possible, ensuite : voilà les biens que le vote de l'électeur catholique doit obtenir et sauvegarder pour tous ses concitoyens.

Contradictions pratiques.

Cela va de soi, n'est-il pas vrai ? cela est clair comme le jour : oui, cela paraît évident, lorsqu'on est loin des élections : mais vous ne devineriez pas ce qui peut arriver au moment où il s'agit de choisir son bulletin.

Voici, par exemple, un homme qui est un bon paroissien. Il attache beaucoup d'importance aux offices de sa paroisse, aux catéchismes fréquents, multipliés et bien faits pour tous les enfants, ceux des hameaux comme ceux du bourg : c'est là ce qu'il veut comme paroissien, ce qu'il veut tous les jours de sa vie. Et ce même Chrétien, par son vote, fait entrer dans le Conseil municipal des hommes qui refuseront tout subside à une Fabrique qui n'a pas cent francs de revenus : — si bien qu'il n'y aura plus bientôt dans la paroisse, ni clerc ou sacristain, ni vicaire pour les catéchismes, ni cierges à l'autel. Il n'y aura plus de culte, et ce brave homme vous dit : Je tiens à ma Religion !

En voici un autre qui met son bonheur à élever ses enfants comme il se rappelle avoir été élevé lui-même. Il désire souverainement que ses enfants soient de bons Chrétiens, l'aident à mourir en bon Chrétien, soient d'un bon exemple pour toute la commune : et ce même homme donne sa voix à un candidat à la députation qui s'arrangera de manière à faire élever de force tous les enfants de la France dans l'éloignement et le mépris de la religion, — à un candidat qui votera des lois si bien calculées, si bien agencées, que le moment approche où tous les instituteurs communaux et toutes les institutrices communales auront à cœur d'éteindre tout sentiment de foi chrétienne dans le cœur de leurs élèves !

Tous les jours de leur vie, ces hommes veulent avoir une église, un Prêtre : et cependant le jour où ils déposent un vote, ils choisissent leur bulletin de telle manière qu'avant vingt ans, il n'y aura presque plus de Prêtres en France, et presque plus d'église où l'on célèbre la Sainte Messe.

Enfin, ils désirent que les lois de la morale chrétienne soient respectées dans leur patrie ;

ils savent que le premier fondement de la moralité, c'est l'honnêteté du mariage ; ils savent que Dieu, pour le bien de l'homme et des sociétés, a établi que les liens créés par le mariage ne peuvent être rompus que par la mort ; — ils sont, ces braves gens, convaincus de toutes ces vérités, — et, lorsque l'occasion s'en présente, ils contribuent, par leur vote, à faire réussir un candidat qui poussera de toutes ses forces à la promulgation d'une loi établissant en France le divorce !

C'est bien fort, n'est-il pas vrai, et cette conduite de tant d'hommes honnêtes parait inexplicable ? Pour arriver à nous en rendre compte, suivons l'électeur à travers toutes les scènes du long drame que l'on appelle une élection générale, une élection pour la Chambre des Députés. Lorsque nous connaitrons comment s'élabore une élection de Députés, nous comprendrons bien le mécanisme de toutes les autres.

Période électorale.

On a commencé à parler élection et candidature. Les politiques de la commune ont été au chef-lieu d'arrondissement pour prendre des instructions et savoir de qui ils doivent se mettre à mal parler. Aussi, dans leurs conversations du dimanche, ou en revenant du marché, ils font bientôt entendre des menaces. Ils disent : Il ne faudrait pas qu'un tel eût l'audace de se présenter !

Cependant, le décret qui fixe la date des élections générales est affiché à la mairie. A partir de ce jour-là, quel mouvement de toutes parts ! Que de courses, que de paroles ! Que d'écrits de toutes espèces : circulaires, lettres, affiches ! Les injures se croisent dans les airs, comme autrefois les flèches que se lançaient les combattants. Tout ce qui est affirmé par l'un est nié énergiquement par l'autre. Chacun des deux partis, ou des trois, ou des quatre partis, rabaisse, flétrit à l'envi tous les autres. Lorsqu'on a lu, pendant une semaine seulement, ce qu'ils écrivent les uns contre les autres, dans les journaux, dans les circulaires, dans les brochures, on est tenté de se dire : Ah ça ! il n'y a donc plus chez nous, il n'y a donc plus en France, que des coquins et des traîtres !

Lutte électorale.

Cette bataille à coups d'injures, d'outrages

et de calomnies, s'appelle tout bonnement la lutte électorale.

Pour faire arriver son candidat, la première chose à faire, c'est d'écarter les autres. Et pour les écarter, il n'y a pas de meilleur moyen que de les écraser : comme cela, ils ne se relèveront pas.

Vous connaissez cet homme du pays dont personne ne disait le moindre mal avant-hier. Mais voici qu'hier, il a pris une décision de concert avec ses amis : il s'est déclaré hier candidat, il a publié sa première circulaire. Tout aussitôt, il se trouve avoir tous les défauts et tous les vices. On répète que c'est un homme à qui on ne peut pas se fier un seul instant et dont toute la vie a été pitoyable. On remonte jusqu'au temps où il entrait au collège, en septième ; on dit que, dès ce jour-là, on a pu le juger et prévoir ce qu'il devait être. Puis, on insulte ses parents éloignés, ensuite ses proches, enfin sa mère. On enveloppe bientôt, dans ce torrent d'outrages et de calomnies, tous les membres du comité qui le soutient. On refait leur histoire, à eux aussi, dans les journaux qui combattent, qui veulent assassiner ce candidat. Cette criminelle habitude de tout oser en temps d'élection contre les candidats, leurs parents et leurs amis, a un premier effet déplorable :

c'est que bien des hommes qui feraient de bons Députés refusent de se laisser porter par le parti auquel ils appartiennent. Tout le monde n'a pas le courage de s'exposer soi-même et d'exposer les siens à être accusés, honnis, vilipendés, et sans pouvoir défendre efficacement son honneur.

Dans cette bagarre de la période électorale, au milieu des clameurs de cette lutte échevelée, quelle conduite l'électeur catholique doit-il tenir pour ne point offenser Dieu, pour s'acquitter de son devoir ? Pressé, tiraillé, bousculé par tous ces hommes qui ont la fièvre, il est possible que, lui aussi, il éprouve le désir de rabaisser les candidats qui lui déplaisent. Sans doute, bon Chrétien comme il l'est, il n'inventera pas de calomnies : mais qui sait si, une fois la calomnie lancée par d'autres, il ne verra pas avec satisfaction qu'elle fait son chemin ? Qui sait s'il ne profitera point, ne sera pas, au moins, tenté de profiter de ces mauvaises actions qui peuvent diminuer les chances de ses adversaires et augmenter le nombre des voix domnées à son parti ? J'ai grandement peur que quelques-uns d'entre les Catholiques ne tiennent cette conduite très répréhensible. Si on la leur reproche, ils ont un mot pour la défendre : C'est de bonne guerre. Je n'ai pas inventé ce qu'on dit contre lui; mais les siens en disent bien d'autres contre nous. En temps d'élection, tout est permis. — Tel est leur langage.

Rien n'est plus faux que ce sentiment que tout est permis, lorsqu'on fait de la politique. Rien n'est plus faux que de dire : Tout m'est permis pour combattre les adversaires de la religion.

Dieu est toujours le même, et son commandement nous suit partout et dans toutes les circonstances de la vie. Son commandement, celui-là même des commandements que Notre-Seigneur Jésus-Christ appelle le sien propre, c'est la charité fraternelle. Il n'est pas plus permis de haïr un malheureux qui blasphème, qui ment, qui cherche à avilir notre foi, nos pratiques religieuses, qu'il n'est permis de haïr un de nos frères, parce que ce frère aura dit du mal de nous ou aura lésé nos intérêts. Car, ainsi que nous l'enseigne expressément Notre-Seigneur, « si nous « n'aimons que ceux qui nous aiment, que « faisons-nous de plus que les autres (1) ? » Donc nous, Chrétiens, nous, disciples du Seigneur Jésus, nous qui vivons de sa vie, nous devons faire plus que les pauvres gens qui ne

(1) S. Mathieu. ch. v. ℣ 46.

le connaissent pas, qui ne sont point à lui.

Quant à moi, je tiens pour certain qu'un bon nombre des échecs subis par les Catholiques dans les élections s'expliquent par ces péchés contre la charité qu'ils commettent si facilement dans l'emportement de la lutte préparatoire : ils se privent par ces péchés de la grâce de Dieu sans laquelle aucun bien ne peut être obtenu. Ils s'écrient : A la guerre comme à la guerre ! — Ils se trompent : ce proverbe n'est point pour nous. Les seules armes qu'il nous soit permis d'employer, ce sont les armes loyales. Ce qui est de bonne guerre, c'est ce qui est honnête. Ce qui est de bonne guerre, c'est ce qui est en conformité avec l'esprit chrétien.

Quel bulletin choisir.

Le moment est venu de choisir entre tous les papiers que le facteur apporte depuis trois semaines : il faut se munir d'un bulletin et se diriger vers la Mairie.

Voici un premier nom, un premier candidat : est-ce ce nom que je vais déposer dans l'urne ? Pour me décider, j'ai à résoudre, avant tout, la question que voici :

Ce Monsieur est-il capable de voter, s'il est élu Député, des lois contraires au libre exercice de la Religion ? Approuvera-t-il des mesures prises par tel ou tel Ministre pour empêcher les Catholiques de vivre comme la Religion le leur prescrit ?

Cette question doit être faite avant toutes les autres. Car le premier devoir du Chrétien, c'est de rendre à Dieu le culte que Dieu demande de lui. Le premier devoir du père de famille, c'est de faire servir et adorer Dieu par tous les siens. Par conséquent, le premier devoir du citoyen, c'est de choisir pour son représentant à la Chambre, un Député votant toutes les lois qui assurent aux Catholiques la liberté de vivre en Catholiques.

Connaître le caractère, les projets, les intentions véritables des candidats, c'est chose moins facile qu'on ne le croirait tout d'abord. Car ils se présentent sous des vêtements très variés ; ils se donnent des qualifications, des noms de partis dont on ne saisit pas toujours aisément le véritable sens. Tâchons de les caractériser et de les classer.

En voici d'abord un qui déclare catégoriquement qu'il a l'intention de voter toutes les lois que les Catholiques condamnent et redoutent. Il dit que s'il avait été Député ces dix dernières années, il aurait voté les quelques lois qui, si elles sont exécutées pendant plusieurs années encore, conduiront à la fermeture de la plupart de nos églises. Avec celui-là, on sait à quoi s'en tenir.

Vous avez reçu plusieurs bulletins portant son nom. Les agents de son comité vous en remettront encore aux environs, à la porte de la mairie : si c'est un de ces bulletins que vous déposez dans l'urne, vous commettez un péché mortel, — péché mortel d'autant plus grave qu'il est absolument sans excuse.

Il n'est pas besoin de raisonnement pour prouver quelle est la gravité, devant Dieu, de l'acte dont vous vous rendez coupable en votant pour ce candidat. — En effet, iriez-vous donner votre voix à un homme qui se proposerait, une fois élu, de vous ôter votre maison, ou d'en chasser vos enfants après votre mort ? Non, — cela est bien évident. Et vous donneriez votre voix à cet homme qui veut, et résolument, vous faire perdre la vie éternelle et la faire perdre à vos enfants ? — C'est impossible.

Seulement, les choses ne se montrent pas toujours avec cette évidence, avec cette clarté.

Prenons une autre circulaire. Le candidat qui l'a signée et vous l'a envoyée, proteste qu'il honore la Religion, qu'il se propose de venir en aide, autant qu'il sera en son pouvoir, aux Conseils de Fabrique, aux Conseils municipaux qui sollicitent des subsides pour des réparations ou constructions d'églises, et même de presbytères. On ne peut pas demander mieux qu'une pareille déclaration, n'est-ce pas ? Il ajoute seulement un mot : il désire que chacun reste à sa place : le curé à la sacristie, et le maire à la mairie. Remarquons encore que ce candidat qui parle si bien, est un homme qui occupe dans le pays une position honorable ; qu'il est très affable, que, sur les routes, il salue, le premier, tous les électeurs qu'il rencontre, et enfin, que, pendant la période électorale, il tend la main à tous les passants.

Que peut-on exiger de plus d'un candidat, et comment s'empêcher de voter pour celui-ci ?

Attendez un peu. J'ai une interrogation à poser.

A-t-il déjà fait partie de la Chambre des Députés, ce Monsieur si séduisant ? — Oui. — Ah ! Eh bien ! étant Député, a-t-il voté les lois que tous les Catholiques déplorent et détestent ? — Mais oui. — S'il en est ainsi, la conscience vous interdit de voter pour lui. Vous le connaissez suffisamment. Il sera ce qu'il a été, et, en contribuant à l'envoyer encore à la Chambre pour continuer l'œuvre mauvaise qu'il a commencée, vous commettez un péché mortel.

Supposons, au contraire, qu'il se présente pour la première fois, et que son langage, dans ses professions de foi, ses circulaires, ses réponses à ceux qui le combattent, est un langage convenable. Peut-on, d'emblée, lui donner son vote ?

Non. C'est une chose trop grave devant Dieu pour qu'elle soit faite sans plus d'examen, sans plus de réflexion. Les paroles, les promesses ne peuvent pas nous donner grande assurance. Il nous faudrait des actes, et nous pouvons en trouver dans sa vie qui nous diront ce qu'il est, ce qu'il veut. Ainsi, il est, ou il aura été conseiller général, car le Conseil général est la première étape que franchissent ceux qui ambitionnent un siège à la Chambre. Tout au moins est-il conseiller municipal, ou capitaine d'une compagnie de pompiers, ou président d'une société de secours mutuels. Comment a-t-il voté, comment a-t-il parlé dans ces assemblées ? Quels candidats recommandait-il à ses hommes, à ses administrés, dans les diverses élections des années précédentes ? Et enfin, quels sont ses amis ? Quels sont ceux qui le patronnent, le soutiennent, qui vous répètent depuis un mois : Défiez-vous de tous les autres ! Il n'y a que lui qui soit bon ! Quels sont ses partisans ? D'après tous ces signes, d'après ses actes passés, d'après ses relations, on peut reconnaitre ce que ce concitoyen ferait à Paris s'il y était envoyé par les électeurs : il y ferait et il y serait ce qu'il a fait et ce qu'il a été dans son pays.

Maintenant, faisons bien attention à ceci : c'est un devoir qui nous est imposé par la Religion que de chercher soigneusement à s'éclairer sur le compte d'un homme à qui l'on va confier une mission si importante. Est-ce qu'on ne prend pas des informations de tous côtés avant de donner sa fille à un prétendant ? Le bon sens nous dit qu'il faut faire de même avant de donner son vote à un candidat. Mais, disons-le encore une fois : ce n'est pas seulement une question de bon sens, c'est une question de conscience et de Religion. Il pèche donc plus ou moins gravement selon les circonstances, l'électeur qui vote comme au hasard et d'après ses premières impressions.

Comment quelques-uns expliquent et veulent excuser certains votes.

Vous avez rencontré, comme je l'ai fait moi-même, de braves gens qui avaient donné leur voix à un candidat notoirement ennemi de notre sainte Foi. Vous leur avez témoigné votre surprise, et ils vous ont répondu : — Assurément j'ai éprouvé beaucoup de peine en me résignant à voter pour lui. Mais, que voulez-vous ? Il faut bien penser aussi aux intérêts de la commune. L'autre, le bon pour les Catholiques, n'obtiendrait rien pour nous, ni de la Préfecture, ni du Gouvernement ; avec celui-ci, nous sommes assurés de pouvoir achever notre route, et même notre église. Nous devons profiter de l'occasion. Ce n'est pas une voix dans un scrutin, ce n'est pas un homme non plus qui détruiront la Religion. Toutes ces manœuvres de persécution passeront, la Religion sera toujours là, et nous, nous aurons ce que nous désirons pour la Commune.

Dites, que font ceux qui raisonnent de cette manière ?

Ce qu'ils font ? Ils mettent au premier rang un intérêt de la vie présente, et au second l'intérêt de la vie éternelle. Ils exposent le salut de beaucoup d'âmes pour se procurer un avantage matériel ; ils le savent, ils se rendent bien compte de ce trafic : donc, très certainement, ils commettent, par ce vote, un péché mortel. Ils ont oublié cette parole si encourageante de Notre-Seigneur Jésus-

Christ : « Cherchez en premier lieu ce qui « est à Dieu et la justice, et le reste vous « sera donné par surcroit (1). »

Nous avons rencontré dans cet électeur un calculateur : nous rencontrons ensuite des hommes intimidés, et de ceux-là le nombre est fort grand.

Pour expliquer une conduite si bien faite pour étonner et pour attrister, ils commencent de la même manière que le premier. Je suis plus désolé que vous, nous disent-ils ; mais je ne suis pas libre. — Vous n'êtes pas libre ? Et qui est-ce qui vous oblige donc à voter pour celui-ci plutôt que pour celui-là ? — A cette question, l'un répondra : Je dois de l'argent au Maire ; il est pour le candidat du sous-préfet. Il reconnaitra bien le papier de mon bulletin ; si ce n'est pas celui qu'il veut, j'ai un protêt la semaine prochaine. — Un autre dira : J'appartiens à une société ; les chefs nous ont dit à la dernière réunion : Vous savez, voilà comment on vote ! Je ne peux pas faire autrement que les autres. Espérons que ça changera. D'autres apportent une raison de leur conduite qui ne leur fait pas grand honneur. Ils disent : Puisque c'est toujours le candidat de la Préfecture qui

(1) Evangile selon saint Matthieu, ch. VI, ỷ 33.

passe chez nous, autant se mettre avec la majorité.

Le Chrétien qui raisonne de la sorte et qui vote par crainte d'un désagrément, d'une perte d'argent, pour un candidat qu'il sait être ennemi de la Religion, ce Chrétien commet par ce vote un péché mortel. Nous avons, en effet, une parole de la Sainte Ecriture qui doit gouverner toute notre vie et que le Souverain Pontife nous rappelait encore il y a deux mois à peine : c'est que « Il faut obéir à « Dieu plutôt qu'aux hommes (1). » Puis, si ce commandement nous parait quelquefois difficile à observer, rappelons-nous cette autre parole de nos Saints Livres. Le Prophète est arrivé à la vieillesse, et il repasse en son esprit les évènements qui l'ont frappé davantage pendant sa longue existence, et il s'écrie : « Je me rappelle les années de ma jeunesse, « et me voici à la fin de ma vie : pendant « tout ce temps que j'ai vécu, je n'ai jamais « vu un homme juste qui ait été abandonné « par Dieu, je n'ai jamais vu les enfants du « juste mendiant leur pain (2). »

Disons donc, pour résumer tout ceci, qu'aucun motif, aucune considération ne peuvent

(1) Actes des Apôtres, ch. v. ℣ 29.
(2) Psaume xxxvi. ℣ 25.

nous engager à voter en faveur d'un candidat que nous savons être disposé à voter des lois contraires au libre exercice de notre Religion ; que, si nous avons le malheur de lui donner notre voix, aucune pression morale, aucune menace ne peuvent nous servir d'excuse devant Dieu. Nous avons reçu de Dieu un commandement, le premier de tous, qui nous fait une loi de le servir, de l'aimer, de chercher à procurer le salut de notre âme et le salut de l'âme de nos frères : rien ne peut nous dispenser d'observer, en tout et partout, ce premier commandement.

De la capacité des Candidats.

Aux suppositions que nous avons déjà faites pour nous rendre compte de ce qui se passe en temps d'élection, ajoutons encore celle-ci. Elle ne se vérifie pas souvent, je le reconnais ; mais enfin, il faut tout prévoir quand il s'agit d'un acte aussi important que l'accomplissement de la fonction d'électeur.

Je suppose donc un arrondissement dans lequel tous les candidats à la députation sont des hommes religieux, respectant les choses de conscience et incapables de voter jamais avec les adversaires de la Religion. Pouvons-nous voter indifféremment pour l'un ou pour l'autre, suivant nos goûts, nos impressions ? Pouvons-nous dire : Je préfère celui-ci parce qu'il y a entre lui et moi une parenté éloignée ? ou, — parce que nous avons chacun un bien dans le même village ? ou, — parce que je ferai plaisir à un de mes amis qui est son ami ? ou, — parce que je vexerai les amis des autres candidats qui ne sont pas mes amis à moi ? Sommes-nous, devant Dieu, et en conscience, tout-à-fait libres de faire notre choix entre ces Messieurs pour des motifs de ce genre ? — Non pas. Ici encore, nous avons un devoir à remplir. Et lequel ? De choisir le plus capable entre tous ceux qui se présentent.

On n'est pas électeur pour se passer une fantaisie, pour soigner ses propres intérêts, pour faire des politesses à ses amis ou de mauvais tours à ses rivaux. On est électeur pour faire des actes utiles à sa patrie tout entière, à son département, à sa commune. Tout électeur, lorsqu'il vote, doit se dire : Dieu m'a donné ce moyen de servir mes concitoyens, et je veux, pour l'acquit de ma conscience, faire de mon mieux, et arriver à leur être vraiment utile.

Cela se conçoit facilement ; ce devoir est compris généralement ; mais il y a parmi nous une idée fausse, absurde, une de celles qui font, en France, le plus de mal à toutes les affaires. C'est de s'imaginer que pour faire un bon Député, il faut simplement savoir de quel côté, et précisément sur quelle rangée de sièges, on ira s'asseoir quand on sera arrivé à Paris. Un candidat dira dans une réunion préparatoire : Comptez sur moi ! J'irai me placer à gauche, pas tout-à-fait en haut cependant, mais sur l'avant-dernier banc. — Un autre dit : Vous me connaissez : je m'assiérai au beau milieu, tout en bas. — Un troisième : Je vois d'ici ma place, vers la droite.

C'est un bon renseignement que vous me donnez-là sur votre tournure d'esprit, pourrions-nous dire à ces bons Messieurs. Mais enfin, on n'a pas à changer de gouvernement à toutes les législatures, et on ne devrait pas changer de ministère tous les trois mois. La politique toute pure, c'est le petit côté de votre rôle comme Député ; c'est ce qui m'importe le moins. Votre grande affaire, c'est de décider de tous les intérêts de la nation, de tous les intérêts des particuliers.

Dans la vérité, dans la pure réalité, toutes les affaires des commerçants, des fabricants, des cultivateurs, des marins, toutes les ventes, tous les achats, et, par suite, les succès, les insuccès, les fortunes acquises, les ruines qui se consomment, tout mouvement en un mot de marchandises, d'argent, d'affaires, tout dépend finalement et en grande partie de ce qui a été voté ou non voté par les Députés. Ce sont les lois votées par ceux qui règlent les transactions, les échanges entre Français : impôts, transports, contrats, surveillance de l'Etat, administration de la Justice, tout dé pend des volontés de la majorité de la Chambre.

Puis, à présent que les communications sont si faciles, si rapides, et sur tout le globe de la terre, on fait avec l'étranger des affaires sans nombre. Nous lui vendons, nous lui achetons : moutons, bœufs, chevaux, vins, blé, fer, bois, houilles, c'est un échange incessant, c'est un mouvement dont on ne peut pas se faire à distance la moindre idée : échanges et mouvements qui intéressent tous les citoyens. Le fromage de son étable, les œufs de son poulailler, sa petite récolte de froment, sa modeste vendange, c'est-à-dire toute la fortune du moindre cultivateur, rapporteront un revenu passable, ou ne rapporteront quasi rien, suivant que les échanges avec telle ou telle nation étrangère seront faciles ou difficiles. Et, comment ces échanges seront-ils réglés ? Comment seront-ils rendus faciles ou difficiles, avantageux ou désavantageux pour nous ? Par les traités de commerce que votent nos Députés ; par les tarifs de douanes que votent les Députés ; par les constructions de ports maritimes, de canaux, de chemins de fer, de routes que votent les Députés.

Ils ont donc, ceux que nous envoyons à Paris comme nos représentants, ils ont à s'occuper des affaires les plus importantes et aussi les plus compliquées, et, par là même, les plus difficiles qu'il y ait en ce monde. Mais les connaissent-ils, ces affaires ? Mais savent-ils, au moins, par quel bout il faut les prendre ? Mais peuvent-ils seulement deviner ce que c'est qu'une négociation diplomatique, et combien d'intérêts se trouvent engagés dans une question qui, sur leur journal et traitée par quelqu'un qui n'en sait pas plus qu'eux-mêmes, paraît toute simple ? Et comment auraient-ils toutes ces connaissances ? Un comité électoral cherchait un candidat qui allât s'asseoir à la Chambre des Députés ici, là, sur ce banc plutôt que sur un autre : il s'est présenté, il a dit : Messieurs, je suis votre homme ; je m'en tirerai bien comme un autre.

Oui ; mais c'est que la plupart des autres s'en tirent très mal. Chez nous, en France, on fait, on défait, on refait perpétuellement les lois d'abord, et aussi l'administration. On peut lire presque chaque mois à l'*Officiel*, un décret portant réorganisation de tel ou tel service, ou un réglement ministériel bouleversant un service. Pourquoi ces continuels changements ? Ceux qui les exécutent nous en donnent les raisons : c'est, disent-ils dans les exposés de motifs, que l'on a reconnu dans le système précédent des inconvénients qui n'avaient pas été prévus. Et pourquoi n'avaient-ils pas été prévus ? Parce qu'on ne sait pas ; parce que, quand on ne sait pas, on ne peut pas calculer les effets, les conséquences de ce qu'on vote ou décrète. Or, le gouvernement d'un pays consiste, comme la direction d'une usine, comme la culture de quelques hectares, en ceci : prévoir les besoins, les ressources et les circonstances probables. Et l'on n'a pas prévu, parce qu'on ne connait pas les affaires. Cependant la loi commence à être appliquée : tout le monde se plaint. On dit : il est constant que l'on a fait une bêtise, une maladresse : recommençons !

Ces candidats disent, et pour rassurer leur conscience, se disent à eux-mêmes : J'ai les meilleures intentions du monde. — Mais les intentions, si excellentes qu'elles soient, ne suffisent pas pour bien faire. Il faut encore savoir. Voyez-les. Ils veulent la paix, et ils ont mille fois raison de vouloir la paix. Seulement, comme ils vont devant eux, à l'aveugle, sans savoir, ils s'engagent dans des affaires, ils font ou défont des traités, blessent une puissance, en inquiètent une autre : ils préparent la guerre sans le soupçonner ; ils la rendent inévitable, — et cependant ils voulaient la paix. C'est qu'ils ne connaissent que peu de chose et quelquefois rien du tout aux grandes et redoutables affaires dont ils s'occupent, et qui sont nos affaires à nous tous, Français.

Donc, le Député doit être capable de remplir la fonction qu'il a ambitionnée, la fonction que les électeurs lui confient. Donc, l'électeur a le devoir de voter pour celui des candidats remplissant, d'ailleurs, les conditions essentielles, et qui lui paraît être le plus instruit des choses de ce monde, le plus au courant des grandes affaires de la vie publique.

Et que faut-il, néanmoins, pour que des hommes de sens, de bons pères de famille s'en aillent choisir le pire des candidats ? Des raisons comme celles-ci et que nous avons entendu avouer çà et là. L'un disait, il y a quelques années : Vous comprenez, il faut être juste ; on ne peut pas tout donner au même homme. Celui que vous me proposez a de l'argent, de la fortune ; l'autre n'a rien, il a besoin, pour vivre, d'une place quelconque : il est bien mieux de le faire Député, ce pauvre homme. — Autre électeur : Pourquoi changer ? Puisqu'il y en a un qui est déjà Député, laissons-le tranquille !

Mais, chers bons amis, ils ne sont pas Députés pour eux-mêmes, mais bien pour nous tous. La Députation n'est pas une récompense ; elle n'est pas une retraite ; elle n'est pas faite pour donner une pension à qui en a besoin. Les Députés doivent travailler ; ils doivent exercer le plus difficile de tous les états, qui est de gouverner une nation.

Un procès vous tombe sur les bras : il vous faut un avocat. Comment vous le procurer ? Est-ce que vous dites à votre notaire, à un ami : Indiquez-moi l'avocat qui plaide le moins souvent, qui a le plus besoin d'argent ? Mais non ! vous ferez tout le contraire. Ce n'est pas pour rendre service à une famille, c'est pour gagner votre procès que vous cherchez un avocat : vous demandez donc que l'on vous indique, parmi ceux de la ville, le plus instruit, celui qui étudie le plus sérieusement les causes, celui que le tribunal écoute le plus volontiers. — Mais voici que l'avocat que vous avez choisi pour plaider cette affaire, l'a perdue, et il vous semble qu'il l'a perdue un peu par sa faute. Vous avez la mauvaise fortune d'être engagé peu de temps après dans un second procès : est-ce que vous retournerez porter vos papiers chez ce même avocat? Est-ce que vous direz : il vaut mieux ne pas changer? Au contraire, vous vous empresserez de prendre de nouveaux renseignements, de confier à un autre avocat vos intérêts.

L'électeur doit donc faire tout ce qui est en son pouvoir pour se donner un bon représentant, un bon Député : c'est ce que le simple bon sens lui enseigne ; c'est ce que Dieu lui commande.

S'il ne remplit pas ce grave devoir, il est, pour sa part, coupable de tous les maux que sa patrie peut avoir à souffrir ; il compromet en même temps, et par-là même, le salut de son âme : Dieu lui demandera compte de chacun des actes qui auront préparé et décidé son vote.

Élections municipales.

Dieu nous impose les mêmes devoirs, et le

sens commun nous donne les mêmes conseils, lorsqu'il s'agit d'élections municipales, que dans le cas où il faut voter pour une élection au Conseil général ou à la Députation.

Mêmes devoirs, mais qu'il est, parfois, plus difficile de remplir.

Mêmes devoirs d'abord.

L'électeur qui donne sa voix à un conseiller municipal qui se propose, s'il est élu, de nuire à la Religion, commet un péché mortel.

Voici une liste de candidats au Conseil qui veulent mettre obstacle à ce que le culte que Dieu attend de nous lui soit rendu dans la paroisse ; voici une liste de candidats qui s'emploieront à empêcher les enfants de la commune de recevoir une éducation chrétienne : l'électeur qui donne sa voix à ces candidats, commet un péché mortel.

En fait, c'est un péché effrayant dans ses conséquences que de priver des enfants de l'éducation chrétienne ; en fait, c'est un péché également effrayant que d'enlever à des Chrétiens les moyens de servir Dieu, d'obtenir la grâce et de sauver leur âme. Ce sera le péché que commettront ce Maire, ces Conseillers, s'ils sont nommés ; et c'est votre péché à vous aussi, à vous qui les placez pour quelque temps à la tête de la commune, à vous qui les mettez en état de faire ce mal qu'ils se proposent de faire, de se rendre coupables de ces péchés.

L'électeur qui, ayant à choisir entre des concitoyens également honnêtes et religieux, envoie au Conseil de commune, et en se rendant compte de ce qu'il fait, les moins intelligents et les moins instruits, commet un péché beaucoup moins grave assurément que ceux dont nous venons de parler : mais il commet un péché dont la gravité varie selon les circonstances. Le Conseiller de commune est appelé à diriger des affaires de bien des genres ; on doit désirer qu'il les connaisse, ou, au moins, qu'il puisse les comprendre à mesure qu'elles se présenteront.

Tout électeur a donc les mêmes devoirs à remplir, lorsqu'il s'agit de composer un Conseil municipal, que dans le cas où il nomme un Député. Mais il n'y a pas, dans cette vie, de devoir que l'on puisse remplir sans rencontrer des contradictions, et, par suite, sans avoir des efforts à faire sur soi-même et contre soi-même. Voter pour faire un Député peut créer des ennuis à certains électeurs ; le vote pour le Conseil de commune les expose à plus d'embarras que les votes pour le Département ou pour la Chambre.

Car le Député, on ne le voit jamais, on n'aura probablement jamais à traiter d'une affaire avec lui. Mais les Conseillers, on les connaît, on les rencontre tous les jours, quelques-uns même plusieurs fois par jour. On ne sera pas connu du Député : on est connu de son Maire. Conseillers et Maire sauront bien si l'on a voté pour eux ou pour leurs adversaires. Puis, il y a les relations de famille ; il y a les rivalités, les inimitiés, soit de famille à famille, soit de village à village, et qui remontent à un siècle ou deux. On est donc beaucoup moins libre lorsqu'on prend part à des élections municipales qu'en portant son vote pour une élection de Député. On sera plus fortement tenté de déserter son devoir et d'offenser Dieu par un vote qui est une trahison de la conscience chrétienne.

Aussi les observations se pressent-elles et les réclamations sont-elles plus vives contre l'exposé de ces devoirs de l'électeur communal.

— Notre Maire est un homme qui se souvient et qui aime à se venger. S'il s'aperçoit que je n'ai point adopté sa liste : c'est fini, en voilà pour trente ans. Je n'ai plus, d'abord, aucun service à attendre de lui ; il ne me prêtera ni la moindre somme, ni son char, ni son cheval, ni ses bœufs. Et qui sait le tort qu'il peut me causer en tant d'occasions et de tant de manières ! C'est la prudence qui me fait une loi de voter pour ceux de son parti, et de travailler à le faire nommer Maire cette fois encore.— Tel est le langage de beaucoup de nos concitoyens.

— D'autres diront : La liste que proposent les bons Catholiques, et j'espère bien être moi-même de ce nombre, est bien celle que je voudrais pouvoir jeter dans l'urne. Malheureusement, il y a, parmi tous ces noms qui me plaisent beaucoup, un nom que je ne puis ni entendre, ni lire de sang-froid. Le grand-père de cet homme-là a plaidé contre mon grand-père à moi. Si cette prairie n'est plus à nous, c'est qu'il a fallu la vendre pour payer les frais du procès ; je ne me déciderai jamais à voter ni pour lui, ni pour ses amis.

— Et ces autres qui veulent s'amuser ! Ils se disent quelques jours avant l'élection : Si on essayait de changer tout le Conseil ! Il y a des dix ou quinze ans que ces bons vieux nous gouvernent ; ils s'imaginent que l'on ne peut point se passer d'eux : en avant une liste de jeunes ! Les plus jeunes du pays ! Ils ne savent rien, c'est vrai ; mais on peut toujours essayer.

A tous ces électeurs, la conscience fait une même réponse : Votre devoir ! accomplissez votre devoir. Avant vos convenances, l'intérêt de la Religion ! Avant vos sympathies ou vos antipathies pour les personnes, l'intérêt de la commune ! Avant les commodités ou les tribulations de cette vie, le jugement de Dieu, et ensuite la récompense ou le châtiment éternel !

On peut faire des calculs de cette espèce, c'est-à-dire faire acte de prudence, satisfaire une rancune, ou s'amuser ; on peut mettre en ligne toutes ces raisons pour et contre, lorsqu'on est parfaitement libre d'agir ou de ne pas agir ; mais ici, c'est autre chose : il s'agit d'un devoir, et l'on n'est jamais libre de ne pas remplir un devoir.

De l'abstention.

Eh bien ! il n'y a rien de plus simple, je ne voterai point. Je resterai chez moi ou j'irai dans les champs. De cette façon, je ne blesserai personne, je ne ferai de mal à personne. Après tout, personne ne peut m'obliger à voter.

Vous vous trompez : il y a pour vous une obligation de déposer un vote toutes les fois qu'un scrutin est ouvert à la mairie, une obligation de conscience, une obligation imposée par Dieu même.

Car voter, c'est un moyen, et le seul probablement, dont vous soyez en possession, pour empêcher le mal, et Dieu ne vous a mis cette arme dans la main que pour que vous en fassiez usage.

Car voter, c'est un moyen de faire le bien, de procurer ce qui assure votre salut, le salut des enfants, le salut de tous ceux que vous aimez. Dieu veut le salut de tous ; toute la Religion n'a pas d'autre fin, d'autre raison d'être que le salut ; et vous avez en main un moyen d'obtenir cette fin, de réaliser pour vous, et pour les autres, ce que Dieu veut : vous avez donc l'obligation de vous servir de ce moyen, vous avez donc l'obligation de voter.

Et cependant, combien de citoyens, et des meilleurs, ne votent point, ne votent jamais ! S'abstenir, préférer l'abstention, voilà des mots qui font partie maintenant du langage usuel. Combien encore qui feront un premier effort, qui se rendront au premier scrutin ! Mais il y a un ballottage ; mais il faut se déranger une seconde fois : ah ! c'est trop pour la mesure de leur énergie, pour l'étendue de leur dévouement.

Que si vous tentez de leur adresser quelques reproches, ces fuyards et ces déserteurs ne manquent pas, assurent-ils, de bonnes raisons à vous opposer ; ils s'abstiennent.

— D'abord, qu'est-ce qu'une voix sur des centaines, et, à plus forte raison, sur des milliers de voix ? — Puis, le résultat, je le connais par avance. Mon parti ne l'emporte jamais. Lorsque les temps seront meilleurs, on verra ce que l'on pourra faire ; mais aujourd'hui, ils sont les maitres, restons chez nous. — Ou encore : Les deux, les trois, les dix candidats sont tous des hommes pour qui il m'est impossible de voter : c'est donc une véritable impossibilité qui me condamne à m'abstenir.

— Répondez à ces frères qui sont dans l'erreur, et, ce qui est beaucoup plus fâcheux, qui tiennent à rester dans l'erreur, répondez que Dieu ne commande pas de réussir, mais qu'il commande d'agir, et aussi de persévérer.

Répondez que c'est se rendre très utile à son parti, s'il est et doit rester en minorité, que de grossir cette minorité. C'est, dites-vous, l'adversaire de la Religion et de la liberté de conscience qui est toujours élu dans votre circonscription : soit ! mais pensez-vous que ce soit la même chose, pour le candidat élu, d'avoir obtenu deux mille voix de majorité, ou de n'en avoir obtenu que vingt seulement ? S'il a conquis une grosse majorité, rien ne l'arrête dans l'exécution de ses mauvais desseins, et il devient, pour vous et pour les vôtres, un véritable tyran. Si sa majorité est faible, infime, il comprend très bien qu'elle peut lui échapper aux prochaines élections, — et, dans cette pensée, il s'observe, il n'ose point exécuter tout son programme, il ménage ces grands intérêts de la Religion et de la conscience qui vous sont chers.

Répondez encore qu'il n'y a rien de plus contagieux que la lâcheté ; que, pour un qui s'est abstenu, dix, cinquante s'abstiendront à son exemple, et que ce premier électeur indifférent se sera ainsi rendu coupable du péché de scandale. Il faut que ses amis, comme ses adversaires, le voient remettant au président du bureau son carré de papier. Que ce papier reste blanc, ne porte aucun nom, si aucun candidat n'inspire quelque confiance : ce bulletin blanc sera regardé comme une protestation, et c'est beaucoup, si l'on ne peut faire triompher le bien, que de protester contre le mal.

— Mais l'Italie, reprennent nos réfractaires ; mais les Catholiques d'Italie, ceux-là s'abstiennent tous, toujours, systématiquement !

Cela est vrai. Le Saint-Siège ne permet point aux Catholiques d'Italie de donner leurs suffrages pour les élections politiques. Ils prennent part aux élections municipales, ils s'abstiennent pour les élections politiques.

C'est une exception à la règle générale, et pas autre chose. Ces Catholiques ne votent pas aujourd'hui ; mais, si les circonstances viennent à changer, ils voteront demain. Nouvelle preuve de cette vérité vieille comme le monde, qu'il n'y a pas de règle sans exception. Tous les Catholiques d'une contrée peuvent, en certains temps, s'abstenir de voter ; de même, tel ou tel Catholique peut, de son côté, quand tous les autres votent, avoir de bonnes raisons, des raisons personnelles, pour ne point voter : mais pour lui, comme pour la généralité des Catholiques, l'abstention ne peut être qu'une attitude exceptionnelle et momentanée. La règle générale, c'est le vote quand même.

Écoutons un maitre, l'un des Prélats qui, en ce siècle, ont fait le plus d'honneur à l'Episcopat français, Mgr Parisis. Il a été successivement Évêque de Langres et d'Arras, et Représentant du peuple à l'Assemblée nationale de 1848. Voici ce qu'il écrivait à cette époque sur ce devoir des électeurs :

« L'omission *habituelle* des devoirs élec-
« toraux, quand elle est fondée uniquement
« sur la crainte de se gêner, de se déranger
« de ses propres affaires, de s'attirer des
« désagréments personnels, est *en soi* cou-
« pable non seulement devant les hommes,
« dans l'ordre social, mais devant Dieu, dans
« l'ordre spirituel et surnaturel, et cette
« faute peut aller, *par sa propre nature,* jus-
« qu'à compromettre grièvement le salut
« éternel. »

Conclusion

C'est en l'esprit de notre sainte Foi que je viens de vous parler, Mes chers Diocésains.

Je m'adresse à des fils de l'Eglise catholique, à des hommes qui veulent le salut de leur âme. Ils peuvent, sans aucun doute, avoir légitimement des préférences pour un parti politique; les uns peuvent dire : Je souhaite le maintien de ce qui existe ; — les autres : Je désire un changement, et un changement de telle nature et en tel sens. — De ces préférences, je ne m'en suis point occupé dans cet écrit : Evêque, je parle à des

Fidèles. Ce sont les hommes politiques qui vous entretiendront des avantages ou des inconvénients des formes de gouvernement dont nous avons déjà fait l'expérience.

C'est pourquoi, ne voyant que la loi de Dieu et la conscience, je veux terminer cette instruction et en résumer l'esprit, par des paroles de la Sainte Ecriture.

Ecoutons d'abord l'Apôtre saint Paul : « Que tout ce que vous faites, en paroles ou « en actions, soit fait au nom de Notre-Sei- « gneur Jésus-Christ (1) ; » ce qui veut dire : selon l'enseignement de Notre-Seigneur et pour vous rendre semblables à lui. Il n'est donc pas possible à un Chrétien de se dépouiller, un jour de vote, de cette qualité, de ce titre sacré, et de se conduire en telle ou telle circonstance comme s'il n'était pas chrétien.

Le même Apôtre écrit encore : « Notre vie, « à tous, doit être nécessairement manifes- « tée un jour (rendue visible pour tous) de- « vant le Tribunal de Jésus-Christ, afin que « chacun reçoive selon ce qu'il a fait de bien « ou de mal (2). »

D'où il suit qu'il n'y a point, dans la vie

(1) Epître aux Colossiens, ch. III, ℣ 17.
(2) II. Ep. aux Corinthiens, ch. V, ℣ 10.

d'un homme, un seul acte qui soit indifférent devant Dieu, un acte que Dieu ne veuille point connaître, ne veuille point voir. Tout est nu, tout est réservé pour l'heure du jugement.

Notre-Seigneur Jésus-Christ a dit lui-même : « Quel profit un homme peut-il avoir « à posséder le monde entier, si ensuite il « arrive à perdre son âme (1) ? »

Donc, nous n'avons pas à tenir compte, un seul instant, des promesses qui peuvent nous être faites pour nous engager à voter en faveur d'un candidat, ni des avantages qui peuvent nous être assurés : comme Chrétiens, nous comptons pour rien, nous rejetons loin de nous ce qui est capable de nous séparer de Dieu. Dieu, l'âme, le salut, d'abord et avant tout.

Notre-Seigneur a dit encore : « Ce que je « vous ai enseigné, répétez-le, criez-le jus- « que sur les toits. Ne craignez point ceux « qui tuent le corps, mais qui ne peuvent pas « tuer l'âme. Mais bien, craignez celui qui « peut tuer l'âme et le corps (2). »

Donc, lorsqu'on nous aura menacés de

(1) Ev. selon S. Matthieu, ch. XVI, ℣ 26.
(2) Ev. selon saint Matthieu, ch. X, ℣ 27 et 28.

nous humilier, de nous appauvrir, d'empêcher que nous avancions dans nos emplois, si nous ne votons pas comme on nous le commande, — au-dedans de nous-mêmes, disons-nous : Et après ? Que peuvent-ils me faire pour m'empêcher d'être à Dieu ?

Et être à Dieu, à présent, à jamais, c'est mon désir souverain, ma volonté absolue.

Rappelons-nous, redisons à notre âme, quelle est la récompense promise au Chrétien qui tient bon et demeure ferme, et reste lui-même, en tout, et toujours, et partout. Notre-Seigneur lui dira à son dernier jour : « Sois loué, bon et fidèle serviteur ! Tu as « été fidèle en bien peu de chose, mais ta « récompense sera bien grande : participe à « la joie de ton maître lui-même (1). » Ou encore, selon ce qui est écrit au Livre de l'Apocalypse : « Celui qui aura vaincu, je le « ferai asseoir avec moi, sur mon trône ; « car, moi aussi, j'ai combattu, j'ai vaincu, « et je partage la gloire de mon Père (2). »

Enfin, j'aime à reprendre, en achevant de vous donner ces instructions sur un sujet si grave, la pensée que je vous proposais dès

(1) Idem, ch. xxv, ℣ 15.
(2) Apoc., ch. iii, ℣. 21.

les premiers mots, et dont j'emprunte encore l'expression à l'apôtre saint Paul : « Nous « vous sommes envoyés par Jésus-Christ. « Lorsque nous vous parlons, c'est Dieu qui « parle par notre bouche. Lorsque nous vous « prions de remplir votre devoir, c'est JÉSUS- « CHRIST qui vous en prie (1), » JÉSUS-CHRIST qui vous aime, qui doit vous juger, mais qui veut sauver et non perdre, récompenser et non punir.

« Il était hier, il est aujourd'hui, il sera « éternellement (2) : » que son esprit soit l'unique principe de nos pensées; sa loi, l'unique règle de notre conduite ; que son règne en nous-mêmes et dans le monde, soit l'unique but de notre activité, le terme unique de toutes nos ambitions!

(1) II. Ep. aux Corinthiens, ch. V, ℣ 20.
(2) Ep. aux Hébreux, ch. XIII, ℣ 8.

PROJET

D'UN CHAPITRE DU CATÉCHISME DIOCÉSAIN

SUR LES DEVOIRS DES ÉLECTEURS

Qu'est-ce qu'un candidat aux élections ?

Un candidat aux élections est un citoyen qui demande à être choisi par d'autres citoyens pour être leur représentant dans une assemblée.

Quelles sont les principales assemblées où nous pouvons envoyer des représentants ?

Les principales assemblées où nous pouvons envoyer des représentants sont le Sénat, la Chambre des Députés, le Conseil général, le Conseil d'arrondissement et le Conseil municipal.

Qu'est-ce qu'un électeur ?

Un électeur est un citoyen à qui la loi donne le droit de choisir un représentant entre tous les candidats qui se présentent.

Quel est le devoir de tout électeur ?

Le devoir de tout électeur est de donner sa voix à celui de tous les candidats qui s'acquitte le mieux de tous ses devoirs de chrétien et de citoyen.

Un électeur peut-il donner sa voix à un candidat qui veut nuire à la Religion ?

Non, un électeur ne peut pas donner sa voix à un candidat qui veut nuire à la Religion.

Pourquoi un électeur ne peut-il pas donner

sa voix à un candidat qui veut nuire à la Religion ?

Un électeur ne peut pas donner sa voix à un candidat qui veut nuire à la Religion, parce que Dieu le lui défend.

Quel péché commettrait l'électeur qui donnerait sa voix à un candidat qui veut nuire à la Religion ?

L'électeur qui donnerait sa voix à un candidat qui veut nuire à la Religion commettrait un péché mortel.

Comment peut-on reconnaître qu'un candidat veut nuire à la Religion ?

On peut reconnaître qu'un candidat veut nuire à la Religion, lorsqu'on sait qu'il votera une loi qui empêcherait les chrétiens de remplir tous leurs devoirs religieux.

Quels exemples peut-on donner de lois qui empêcheraient les Chrétiens de remplir leurs devoirs religieux ?

On peut donner comme exemples de lois qui empêcheraient les Chrétiens de remplir leurs devoirs religieux :

1° Une loi qui empêcherait les parents d'élever leurs enfants de manière à en faire de bons chrétiens ;

2° Une loi qui empêcherait les Chrétiens de se donner des Prêtres ;

3° Une loi qui empêcherait les Évêques et les Prêtres d'annoncer toutes les vérités de la Religion, comme Dieu leur a commandé de le faire.

TABLE

DES SUJETS TRAITÉS DANS CETTE INSTRUCTION

OUVRAGES

DE

MONSEIGNEUR ISOARD

A la même Librairie :

ET CHEZ

PALMÉ, *rue des Saints-Pères, 76, Paris*

Cinq Années (1879-1884). Œuvres pastorales de Mgr ISOARD, Évêque d'Annecy. — 1 volume in-octavo.. **5** fr. »

Le Sacerdoce. Conférences adressées aux gens du monde (2 vol.) **7** fr. »

Le Mariage. 1 volume in-32. **3** fr. **50**

Lettre sur les devoirs du Clergé dans le temps présent......... **1** fr. »

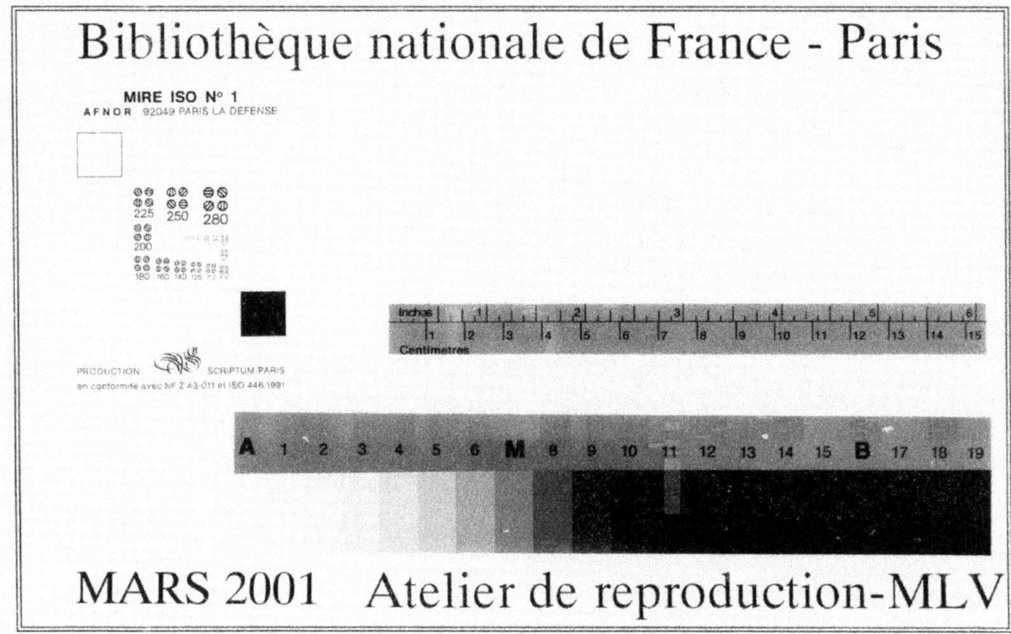
Bibliothèque nationale de France - Paris
MIRE ISO N° 1
AFNOR 92049 PARIS LA DEFENSE
PRODUCTION SCRIPTUM PARIS
Inches
Centimetres
MARS 2001 Atelier de reproduction-MLV

www.ingramcontent.com/pod-product-compliance
Ingram Content Group UK Ltd.
Pitfield, Milton Keynes, MK11 3LW, UK
UKHW020952180726
13838UKWH00003B/1282